De la muerte al fénix

Pedro Vergés
Ministro de Cultura

Alexis Gómez Rosa
Director General del Libro y la Lectura

Ruth Herrera
Directora de la Feria del Libro

José Enrique García
Director de la Editora Nacional

Jael Uribe

De la muerte al fénix

poesía

Obra seleccionada dentro de la convocatoria abierta
para publicaciones con motivo de la XII Feria Regional
del Libro Hato Mayor 2016, República Dominicana.

EDICIONES FERILIBRO
SANTO DOMINGO, REPÚBLICA DOMINICANA
2016

© 2016 EDICIONES FERILIBRO
Dirección General de la Feria del Libro
Plaza de la Cultura «Juan Pablo Duarte».
Ave. Máximo Gómez, Santo Domingo,
República Dominicana. www.ferilibro.com

© 2016 EDITORA NACIONAL

ISBN: 978-9945-588-98-9

CORRECCIÓN DE TEXTO: Equipo Editora Nacional

DISEÑO Y ARTE FINAL: Amado Santana
DIRECCIÓN GENERAL DEL LIBRO Y LA LECTURA

DISEÑO DE PORTADA: Elizabeth López

Impreso en la República Dominicana

Índice

I

La muerte

II
La noche

III
El amor

IV
La mujer

V
La vida
(en prosa)

VI
El fénix

Dedicada a:

Francisco Márquez,
porque me viste cuando no habían ojos.

Ramón Saba,
porque me viste cuando nadie me vió.

Eduardo Gautreau de Windt,
por mostrarme al ave oculta tras mis ojos.

Rafael Hilario Medina
por empujarme a insistir pese a todos los ojos.

Mi padre,
por prestarme la agudeza de tus ojos.

Mi madre,
por enseñarme a escribir en clave la ira,
la rabia y los silencios, ocultos de tus ojos.

A los que buscan
en la nada y encuentran todo.

Al más GRANDE,
responsable de mis vuelos,
arquitecto de mis manos y mis ojos.

Y el murmullo sin pies seguirá andando,
hasta encontrarse de pronto con mis pasos.

I
La muerte

Inútil es el canto del gorrión cuando el cuervo acecha.

Corriendo tras el tiempo

Vendrá la muerte y tendrá tus ojos
esta muerte que nos acompaña
de día y de noche, insomne,
sorda, como un viejo remordimiento
o un vicio absurdo. Tus ojos
serán una palabra vana,
un grito acallado, un silencio.

Cesare Pavese

Hace tiempo decidiste marcharte
marcando el ritmo en las monedas.
Cayendo contra el piso en reverencia
orquestando un concierto tras tus pasos.
Inamovible, aguardando la espera
revolcada en tu llanto yo
clavaba en las fotos las agujas para asirme a tu sonrisa
para recordarte eterna.
Te escabullías en el tiempo
fijándome tus ojos de mar
fundido entre las piedras.

En algún momento vendrá la angustia
reclamará tu tiempo

como buena hija del polvo
te cobrará las afrentas.
No temeré clamar tu nombre
donde el tiempo duela.

La otra cara de la noche languidece
y aquella a la que miras te señala y condena.

Han llamado con tu nombre a sus hijas desnutridas
las han puesto a bailar sobre tu muerte
sin tomarte en cuenta.
Tú te quedas parada en la puerta
abrazando y sangrando otro silencio
sin que puedas escaparte de la angustia
matando al pájaro de dos cabezas, herido entre tus ojos.

Respiras,
y el cuervo taciturno se muda a tu pecho.
Su nido es una madriguera de culebras.
No hay rastro de ti habitando entre tu cuerpo
ni siquiera el agujero de tu sombra te espera.

II

Sé que me escuchas y te escondes.
Que cuentas con tus dedos los días derramados,
las horas, los recuerdos,
las ideas danzan en tu mente.
Se deshace tu cuerpo transparente en un zumbido,
te ahogas en un grito de arena.

¡Ojo! con el precio de tu carga.
El peso de la noche enmudece la palabra
y ya no lloras para unirte a la tierra.

Dejaste de contar los augurios hace tiempo,
de llevar el recuerdo en tu cartera.
El camino se detuvo a mirarte,
para recordarte como entonces, ajena.
Cuando ya no quede vestigio de tu nombre,
el sendero conservará tu huella.

III

Se revela la vida por convertirte en recuerdo
y no hay norte para guiarte a los pasos.
Tus muertos
no discuten
solo dejan colgajos en las púas
y crujen sobre ti los dientes.

La noche que no habla
también se alegrará de verte.

IV

Me quedo a esperarte
rasgando con las uñas otro invierno.
Marcando el calendario con mi sangre
a la espera de tu olvido o de la muerte.
Perdiendo el valor entre tus ojos

monedas de amor cayendo
contra un piso de arcilla
con inútiles intentos.

Detrás se oculta la suerte,
la herida del mapa enflaquece.
Iré de bruces a los brazos abiertos
olvidando tu lengua de mar y sol
a la espera del silencio.

He aquí que se esconden tus ojos en la espalda
para no verme.

VI

Y yo, tan solo te imagino
sentada al borde de esta muerte.
Soñando otro hueco a la salida
donde todas las memorias me recuerden.

Heme aquí, perdida
corriendo tras el tiempo.
Buscándome
y hallándote
en la piel de cada encuentro.

El hombre que perdió su sombra

I

Fue de vuelta a las estelas del silencio
a la gran sordera del mundo.
Sus brazos pájaros en llamas
sus ojos repletos de alimañas.

Volvió despacio
como quien espera en su andar el siglo.
Anduvo la muerte de regreso.
Insistente, la miró sonriendo.
Se encontró de frente con su rostro.

Sus alas se batieron en el fuego
en el lapsus de su sangre y el muro.

II

La noche se desanda de atrás para adelante
se vuelve a andar con el corazón en punto.
Mirando por el esquicio de las horas.
Alimentando con la piel los momentos.

La vida se camina despacio
con pisadas de hormigas
y el dolor de un perro moribundo.
A veces no importan los guijarros
el corazón de piedra,
las horas perdidas en el tránsito
ni la perpetuidad de lo oscuro.

La sombra se anda de puntitas
porque a veces se debe mirar desde arriba
caminar por el fondo
cuidándose de no pisar a los muertos.

III

Te mueves despacio,
con el verso atrabancado
en un hueco diminuto.
Te vas como quien busca partirse
mirando la distancia
desde el ojo travieso y mudo.

Buscas en el silencio la boca que calla
y la encuentras sudando una palabra.
Pero solo hay murmullos,
aves, dolores, latidos.
La voz hueca mecida entre tus dientes
como un grito deforme.
De pronto la vida es de barro

derretida en tu lengua
y en la lengua de las bestias
hablando un lenguaje incongruente.

IV

Más allá de la garganta habita un hombre sin sombra.
Un hombre translucido en sus huesos.
Debajo de sus pasos no habita la tierra.
Agoniza bajo sus plantas un perro realengo
mendigo del universo.
Adentro de su vientre porta un apellido muerto
habitado por cientos de nombres.

Ahora solo lo llaman las bestias
con sus bocas deformes y sangrantes.

Debajo de la tierra solo habita la palabra.
La sombra perdida de un hombre
naciendo en lo profundo.

V

Creo en mí mismo
como tal vez creí en el otro.
Yo era aquel hombre mordiendo la sombra
tropezando consigo mismo.
Creo en la promesa de amor apretada
entre los puños, sangrando juramentos
inconclusos.

Como si me mirara al espejo sin hallarlo
como si encontrarlo fuera otro hálito de aire diminuto.

No estoy,
me he mudado a su reflejo
y me he hecho carne
entre nosotros.
Por eso siento el peso de su carga
la camino de espaldas arrastrando mi otro.

Me siento reclamar el aire
mi aliento intentando construir a media boca
las palabras
clamar la soledad erigida al margen de mis sueños
asumiendo el control de sus alas.

VI

Ese hombre se reconoce y se mira
en los retazos de otros.
Cuerpos rotos varados en el vidrio.
Verano de muerte rodeando al universo.

Ese hombre de frente a los espacios.
Habitando en su tiempo los segundos.
Agoniza en el fragor de la tarde
expele dolor desde el muro.

Es difícil no nombrarlo en las horas
sin que la pena ahonde.

Sin que la agreste soledad sea el destierro
de su cielo inconstante y absurdo.

VII

Solo tengo las horas para asirme al presente
sin ver el pasado que soy
el futuro en mi pecho inexistente.
Un camino desandado paso a paso
destejiendo el legado de la pena cosida a mis brazos.
Llevo todo el peso del hombre
que forjó mi sombra y la sostuvo
hasta el cansancio.

¡Solo tengo un pedazo de tiempo perdido
y al hombre
adherido a mis brazos!

VIII

Yo puedo doblarme.
Fundirme en la brevedad de vida
que mutila sutilmente la muerte.
Fugarme en el vuelo de mis alas
recogiendo las mitades
de este viaje sin regreso.
Divago perdido en los abrazos,
en las alas infinitas del sueño.

Solo tengo las palabras

Yo nací con el recuerdo en los ojos,
el color de los olores de infancia.
Una herida marcada detrás de las orejas,
mi pena calle abajo donde la noche me alcanza.

Yo nací con el sueño tras los ojos.
Las vértebras partidas de una huella deforme
y el aullido de una voz putrefacta.

Yo nací con el alma tras la puerta.
donde el calor de la niebla me recuerda al olvido,
al sabor de un camino sepultado en la nostalgia.

Yo nací con niebla en los ojos,
sendero de luces enterradas.
Abundancia de polvo removido en la boca
donde muere la frase callada,
angosta.

Yo nací con silencio en los ojos
aullido del idioma prestado.

Sumergida en el retorno
en la voz colorida
sin mediar una palabra.

Yo nací con la huella en los ojos
escribiendo el destino reclinado en mis palmas.

Del otro lado del hoyo

Al final del pasillo está el espejo
contando los segundos pasados.
Lengua impaciente retorciendo la entrada
aguardando su paso al otro lado.
Me acuerdo de quien mordió la manzana
con dientes de espuma y polvo.

Me detengo en la copa
bebiendo de un sorbo la llamada del silencio.
Humeante, espumoso.
Un trago de lava eterno.
La insufrible brevedad del instante.
Estoy de pie,
mirando al suelo abrir sus piernas,
menstruando sobre la tierra la muerte.
Empieza la vida donde termina la puerta.

—¿A dónde regresan mis pasos?
—Al espejo…
donde el ciclo termina
rompiendo sobre mi lengua el ocaso.

Este yo, es otro

Este yo que me mira no me incumbe.
No es mi doble,
ni me imita.
Este es otro YO decrépito
respondiendo por mi nombre
arrastrando mi pasado entre sus dientes.

Este yo no me conoce
ni me sangra.
No es el mismo de entonces, ni el de siempre.
¡El que nunca me ha mirado con mis ojos!
No me sabe ni a vivo
ni a muerto.

Este yo que me iguala en el abismo
divagando perdido, buscando su otro.
Necesita saber que no está muerto
para abrirse a pleno día y morirse.
Este yo que me camina no está vivo.

Es fantasma aprisionado entre mis pasos.
No refleja mi apellido en su rostro
ni converge en el final de mi sombra.
Este yo que me conoce no es mi doble.
Impostor reclamando mi otro espacio.
No me mira como NUNCA
ni me habita.
¡No es el doble de mi carne,
NI ME IMPORTA!

Que la vida me borre tu nombre

Ojalá volvieras,
con la prisa de siempre
y las mismas pisadas de abismo
atrapadas en tus pasos.
Que vinieras…
desatando en tu andar el viento,
flecha que a veces entrecruza mi espalda
intentando detenerme.

Ojalá que la vida
y su partida vivieran en tu vientre
preñándote los ojos de hijos tuertos
que miren al universo.

Que vinieras,
para irte perdido entre mis huellas,
en mi boca soñolienta de besos
inexistentes.

Ojalá la noche
fuera niebla en tu sonrisa

ocultando las historias
que lloran de no verte.
Y me librara del augurio en tus ganas
del muchacho muerto en mi cuaderno,
del poema no escrito en mi memoria
amortiguado entre mis tripas.

Ojalá el dolor me librara de escribirte
y tachara del libro de la vida tu comienzo.
Que se borre del aire esta cruz de sueños
la estela de deseos amargos
no cumplidos en mi cuerpo.

Que te llamen a la fila de muertos
en mi subconsciente.
Donde solo a veces la herida que porto
se asemeja al vacío,
donde ya no quedan manos para asirte a la tierra.

Ojalá sane mi voz
en la distancia de otro oído,
¡que el silencio
me sea benevolente!

Un hijo sobre el vientre

Solo cargo entre mis manos las garras
de esta fiera tristeza.
Sin pena me cuelga del vientre un hijo inconcluso.
El batallar impreciso de mi patria deforme.
Palabras endulzadas enquistando mis venas,
las mismas usadas para maldecir la tierra.

Cargo entre mis manos la muerte:
Los planos de mi nicho cosidos en los sueños.
Las hojas de un poema infinitamente triste sonriéndome.
La certeza
de que burlarse de la sombra
es más factible que temerla.

Solo quiero un camino en el norte
para encontrarme con la noche y decirle:
—¡Detente!
No me llames a la fila sin nombre,
donde el zumbido de mi voz se pierda.

Cargo en mis palabras las alas
que picotearon ansiosos los cuervos.
Arrullo la noche entre mis labios
la arropo en mi silencio.

No me hables de la suerte, destino,
del roce de manos de un amor transparente.
Yo que vivo inconforme del pasado
cargando en la memoria a un hijo muerto.

Sed de guijarros

Esta sed de los días
no sabe que ha muerto
entre mis manos de agua
entre mis dedos de polvo
entre mi lengua cadalso.

Mis días se mueren en su boca naranja
desconocida de llanto
de versos desojados de sus cáscaras.
Días desparramados de arena y algas
me caminan por los ojos con sus patas flacas.

En mi sed de piedras
se arrinconan las letras amanecidas de sangre,
magulladas de atardeceres sin nombres,
de noches borradas del calendario.

¡Ansío el sabor de las piedras en mi boca
para llamar estos días de hambre!

Entonces me nace de las manos el poema
mordido de sábanas amarillas y alambres.
En su rostro se aleja el pensamiento.
Neblina de luces cosidas a un cigarro...

...se enciende de nuevo el augurio,
de palabras molidas con mis pedazos
y de nuevo vuelven los días a lamer
mis humedades.
Verdades mueren derretidas en mis manos,
atándome a la sombra de una boca cubierta
por el manto del silencio.

A cliché de las voces

En este lapsus de amarrarme el mujer a la cabeza,
apretarme las garras con engrudo,
pintarme de barniz el abdomen
y despeñar desde de la boca la impotencia.
En esta ira vaivén con paso cansado
y esperanza detenida.
En la mágica levedad del pellejo
el ilusorio apellido femenino.
En el universo que transito
difuminado en la tierra
y las espigas floridas danzando en mi lengua
como olas coloridas:

Me atrevo a espantar las grapas
que aprisionan mi sombra
y la mantienen suspendida.

Le araño las tripas al fuego,
rostizo sus chispas.
Danzo desnuda aferrada al silencio
al cliché saturado de la risa.

Me burlo del despertar de las voces,
las redondas, encerradas en sí mismas.
Redonda.
Así es la vida… un retorno de todo,
un regreso de nada.
Una rueca que gira.

Vetados

Frente a mí las puertas convertidas en venas
caminos de muerte siempre abiertos.
Siempre vivos
aguardando en la lengua
la caída de la arteria. ¡Aguardando!

Siempre muertos en bosquejos.
Salvajes en su dependencia.

Frente a ti la sal que te toca el latido.
Insistente.
La balada insufrible ultimando la palabra
marchando tras el rastro siempre muerta.
Silencio.

D
  E
C
  A
D
  E
N
  C
I
  A

Es prudente no nombrar a los muertos.
Ver la herida mutiladándonos la boca
en su fiesta de campanas y dientes.

¡Que traspasen la puerta los vencidos!

Los de huesos redimidos en la sangre.
Los adioses partidos a destiempo.

¡Que se mueran los culpables de este juego!
adjetivos malditos por los verbos.

Soy piedra

Piedra
solamente una piedra.
Varada. Pretérita. Imperfecta.
Piedra soy piedra
pausada en el presente
en los trozos del viento y la espera.
Una piedra callada,
una piedra insurrecta.
Partiéndome en la nada.
Rodando en los abismos
en la piel de otras piedras.
Oculta en mi cuerpo de dureza absoluta
de arena maciza, sangre reseca.

Piedra
una piedra sin alma
sin nombre, ni apellido, ni huellas.
Una tumba de tierra detenida
es la piedra.
Una sombra escondida en la noche

irredenta.
Cobijo del pecho
ostentando el agujero sutil de la existencia.

Piedra
una piedra.
Convulsa, amedrentada.
Una piedra vomitada a la tierra.
Pulida a los golpes.
Cautiva. Maldita.
Una piedra soñando ser rueda.

De nada me valen las manos,
la coraza, la espalda gastada,
y la torpeza.

Una piedra no respira
no siente
no habla
no sueña.

La otra muerte

Por las muertas y las que mueren en vida.

Esta sed de silencios no se calla,
no se sacia con nuevos huesos.

Su cadáver se gesta con las olas
que engullendo retazos,
amordazan recuerdos.
Esta nueva nada es verdad de espejos,
se corta en los filos de la noche
aparentando ser otra mentira embriagada
de bares y cementerios.
En su lápida florida llueven gotas de tierra,
adioses en prisa.
Mueren perlas de joyeros.
Adoquines agrietados delimitan el espacio
de una soledad reducida a polvos y huesos.

Este sueño trae consigo a los muertos.
Sobredosis de vientres picoteados por cizaña
en nidos de carroña y hambre de esqueletos.
Una espina de sal, arcoíris de viento
y tanto tránsito en los ojos dilapidando heridas

con trozos de concreto.
Ya no existen incautos
ni agua en los reflejos.
Ni pellizcos de vacío
o mordazas en las máscaras,
no contemplo los rostros del pasado
exhumando a otro diferente.

¿Y si olvido? Si vuelves,
¿aprisiono la pérdida en
estas ganas pulidas a golpes de suerte?
Si decido molerte en el tejado,
o sentarme a resucitarte entre mis bíceps
donde pendes a mares en cordeles.

¡Estas hojas amarillas hablan de una nueva muerte!
de agonías en el closet
espirales retorcidas terminadas en ramas
aprisionando la vida entre los dientes.
Hablan a labios sellados, callan porque no sienten.
Una mueca de lirios mordiendo el cordón umbilical
del amor no nato antes del ocaso inerte.

Basta una herida angosta,
una bala de llanto en la frente.
Es que esta partida recurrente
no se marcha, vuelve.

Aún llueven los botones

Ha llovido mucho desde entonces
y aún sigue lloviendo muerte.
Nos miramos las alas
ojales en heridas.
La mirada del aire empieza a ardernos,
nos vemos con los ojos en blanco
convertidos en botones
transitando entre los muertos
para no vernos.
Entramos en el hoyo de una camisa de fuerza
en franca actitud de resistencia,
pero somos los que olvidan y reptan,
pagamos el precio de la aurora
con monedas.
¡Es que ha llovido mucho desde entonces!
cuando empezamos a mirar el manto aciago de la muerte
como afable tela,
cuando llovimos en su tijera de agua
con el alma recortada
sin siquiera darnos cuenta.

Al final

Se han dormido los labios
a medio despertar del beso,
se escucha en el aire una tonada de vacíos en masa.
Ecos dulces de una noche muerta.
Una tumba medio vertida en un vaso.

Al final se quiebra el arco
apuntando a la otra mitad del alba.
El canto es un trinar de gaviotas,
la rueda de un poniente en el silencio.
Huecos vivos ajados
abismos ensanchados de distancia.

¿Qué más da? Si al final somos lo mismo.
Hijos de la misma carne,
vuelo de luciérnagas,
muerte y mentiras,
partos de la noche.

Somos símbolos de sal
con ceguera compulsiva.
Una lata arrastrada haciendo ruido
en la oreja de la noche,
rehusándose a ser silencio.

Nos veremos en la sombra

¡Nos volvemos polvo sobre raíces de plantas!
Tierra olor de olvido.
Mancha de tiza en la pizarra.

Somos gemir de trompeta sobre los rieles.
El tren de la mentira nos encuentra
con la frente fruncida,
la cabeza baja.
Cantan las golondrinas su trinar de lunas negras.
Estaciones de retorno con huellas triplicadas.

¡Nos quedamos mordiendo el lenguaje de sordos!
Corremos a los nichos para recostar la muerte
allí donde la luz espanta.
Donde no vemos la mano del viento
hasta que nos da en la cara.

¿Y los ojos?
se han perdido en los abismos
tras miradas "sombras",
miradas "aire"

que no ven nada.
Monedas en los párpados,
heridas antiguas.
Lastre tornasol en las espaldas.

¡Nos veremos en la noche!
tras los pasos,
cuando llegue el olvido
con su aullido de calma,
y la noche se desgrane
con ladridos de perro,
mordidas de luna
pezuñas de águila.

Nos veremos en la sombra… hermano,
si me alcanzas.

Los "vivientes"

Hay muertos en vida.
Hay muertos danzantes.
Muertos que no saben que han muerto.
Muertos cuadrados y redondos.
Unos menos salvajes, con ventaja,
transeúntes del insomnio.
Muertos bendecidos con la gracia del verbo,
la cadencia en la palabra.

Hay muertos que no saben que están vivos,
"vivitos y coleando" en las aceras de las plazas.
Muertos que son otoño
Muertos alegres, danzan.

Hay vivos que están muertos,
Ignorantes de los huesos,
las iglesias,
las campanas.

¡Estos muertos callados!
¡Estos muertos que hablan!
Espantajos de la noche refugiados en la sombra
absolutos de la voz y la metáfora.

He visto pasar a un hombre

He visto pasar a un hombre desnudo de sus pasos
en los pies lleva prisa,
la tristeza descalza de un cuervo rondando.

Un hombre muy blanco, ennegrecido.
Sin retazos de historias,
ni excremento.
Va despacio en la prisa,
siguiendo en la noche a la sombra
desprendida de sus huesos.

He visto pasar a un hombre
con neblina en el centro.
Un hueco cercado en los alambres,
tendederos de esqueletos.
Ha pisado su cabeza de camino y piedras
con caderas a ritmo de molino
y estrechez de tiempo.

He visto morir la duda en su espera,
asimilando el cadalso para teñir sus pieles.

Una espina pesa en su muerte.
Una sopa de gritos en su pan
un gorgojo gravitando entre las tripas
lo golpea con el siglo, violento.
Lo acompañan el ocaso, el alba en la memoria
la herida reciente.

Hay un hombre muriendo de carencia
en un plato de frijoles madrugados a destiempo.

La muerte es un bocado de ausencias

A mi hermana, in memoriam

La muerte es un bocado de silencios
cosidos a la boca de un tiempo sin palabras.
Un "no estás" caducado en el espacio,
un ruidoso martilleo de lágrimas.
Cabeza de cuchillo cercenando el presente
redondeando la memoria habitante de tu sombra.
Un sendero de mar adormecido
en las huellas de tu boca.

La muerte es una burla,
una mueca apagada en la mesa.
Velas entregando su aliento prostituto
a los fuegos de otra noche parturienta.

La muerte es una nota transcrita en la ausencia.
Asterisco perdido en el vals de la tristeza.
Te seduce cantando con su trova,
su aliento repujado en la niebla.

¡Este mundo de crayolas derretidas!
¡Estas realidades alternas!
donde ya no existes en el eco que te nombra
eres polvo en el anaquel de la historia.

En la pálida espera

Bajo la piedra milita este frío
de avatares.
¡Este olvidar de tumbas y sepelios!

Ríe llanto

¡Este llanto alegre! Este silencio blanco.
Eco rompiente,
lamento inservible de infancias magulladas.
Esta sed de todo y esta hartura de niebla.
Este grito en las simientes de la calma.
Si este TODO es mío, entonces, ¡no tengo nada!

Aquí

Del otro lado de los ojos está la puerta del infierno.
Afuera la pupila de sangre
danzando a contrafuego.
La espina insensible de la calma agonizante

soplo transitando
en el camino deforme y el miedo.
Palpitando.
Mi mirada se deshace en las puntadas
de esta herida cosida con hilvanes de agua.

Llegó la hora del sueño

Tengo un sueño dormido en lo tangible.
Un ensueño superviviente.
Con su ola de llanto bañada por el gozo
aferrado a mis brazos redondos.
Este sueño me conoce,
se detiene en la noche definiendo mis pasos.
Seduce mi esqueleto.
Es un sueño corroído con espantos
recién salidos del féretro.

Me habla,
se apoderada de mi carne. Me mira sonriente.
Mi reflejo le nombra,
lo llama sangrando desde el aire
con su canto de perro moribundo.

Miro sus colmillos,
los jirones de la vida escapando de sus párpados
siendo de pronto aquel suspiro
que no pudo ser palabra, ni silencio.

Enmudezco en sus figuras,
finjo desnudar el asombro.
El ruido golpeteando en la boca desde adentro.

Este sueño dinamita,
habitante de todos los infiernos,
arremete contra el ruido de mis alas
me cerca en una ronda pintada con su sangre,
acallando la llamada de los muertos.

La ronda

Solo agoniza el olvido
recostado en la niebla.
Con una herida de pájaro
sangrando plumas,
una válvula llorando
chorros de historia.

Sola muere la calma
en el hielo de la tarde,
en el filo de una letra cortante.

Sola la lengua en su látigo fluido
en la pereza de su voz sempiterna.
El maullido de gato que lo ronda
las fieras sumisas en la niebla.

Sola muere danzando en su tumba la tristeza.

II
La noche

Vivimos en la noche
danzando entre los cuervos...

Ciegos

La luna tiene mis ojos
y yo, sus agujeros negros.
La sombra hace huella en la noche
arrinconando su rostro de sol
en mi pecho.

Reflejo mitigando el espacio.
Vacío contemplando el AIRE.
El miedo enloquecido
mordiéndome la lengua
sus dientes astillados,
sus quijadas hambrientas.

La luna tiene mi rostro,
yo tan solo el universo:
callado,
vacío,
inmenso.

A media luz

A media luz la sombra juega a hacer garabatos
con la otra mitad de mi rostro.
Una parte de mí se dio a la fuga
esfumándose en un reclamo anónimo.
Un soplido,
y mi aliento se diluye en el residuo de una vela de sangre.
Las formas juguetean danzando en la noche
celebrando la inminente caída del ocaso.
¿Cómo aquieto el latido de este augurio terrible,
el sigilo latente de sus pasos?
Las pupilas fastidiosas gravitando en mi cerebro
parecieran no vencer al cansancio.

Para la luz de la vida no hacen falta repisas.
A media luz el mundo mariposea en el silencio.
El anciano en el cuadro me devuelve su "iceberg"
a su lado la anciana, con sus ojos de lagarto
me apunta en un disparando de pupilas.
Ambos fingen adorar su encierro,
el laberinto de clavos y polvo.

Pero esperan a que me duerma para fugarse a otra parte.
¿A dónde va la sombra cuando la noche se duerme?
Quizá marcha con la otra mitad de mi rostro,
dejando sobre mi cara una mueca sigilosa,
una media sonrisa de pánico.

Perdida

(A todas ellas y a ninguna)

El olvido me camina despacio
por el borde de su beso nocturno.
Se llena de morbo la pupila violeta
dibujando en su ventana relojes sin tiempo.
Las moscas desnutridas se oxidan en la acera
practicando la danza de los sueños.
La visitas oportunas, no llegaron a mi encuentro.

Se recuesta la mejilla para un beso
que muere dulce entre sus huellas.
Vive de la inercia sembrada en su discurso,
la lágrima retenida en los aplausos.

Un rugido en la noche baja la mirada
muerde los sonidos ausentes.
Camina invisible hacia sí mismo
con los pasos derretidos en la frente.

No le importan las moscas moribundas
ni el desorden de los grillos en sus trenzas.

Afuera
cuando la musa se duerme,
se piensa tan absurda, implacable en la sordera.
Entona una danza desnuda en su garganta
bebiéndose de un trago la cuerda
con la que amarra un grito mudo crucificado a sus letras.

Desteje con absoluta certeza un hilván de penas.

II

Anoche
se durmió en el cabello
de una noche teñida con migajas de piedras.
Yo no supe despeinarla, abrir sus brazos, gritar ¡fuera!
Quizá por eso se volvió caracola
en el fondo de la alberca.

La música continúa sonando
y yo… sigo buscando el abrazo en la camisa de fuerza.
Es el tiempo que la vida me devuelve
cuando busco en su mirada la herida, y no la encuentro.

Otro rostro se inclina para asirse a la noche
y me besa.
Pero yo
me he perdido en el trazo de un poema.

III

La llamaron poesía redonda
preñada de pájaros
y oídos sordos.
La palabra que me puebla
chapalea entre mis dedos
con sus garras salvajes, como tinta en ascendencia.
Me abrazo a la carne de las horas perdidas
suturadas a sus trenzas.

IV

En su tránsito de pétalos tuertos
mastica entre los dientes un silencio.
Esconde su palabra en las esquinas
en su vuelo de gaviota inexperta.
Afuera de sí
no hay contagio para el hambre
ni ángeles rosados con espinas violetas,
ni rosas crucificadas con las alas zurcidas
ni puertas medianamente entreabiertas.

Afuera
tan solo queda el pensamiento,
el ojo descosido de una angustia sin tregua.
Una herida se ha perdido en su palabra
por donde el origen de mi llanto la atraviesa.

Solo yo, y la calle

Afuera la historia aplacando sus tímpanos.
El frutero fastidioso con sus gritos de arena,
las sirenas y su cuerpo de luces matizadas
danzando en el entendimiento.
El oído envanece en la sordera.
El rubor de transeúntes.
La furia de los carros
haciéndole el amor al asfalto.

Afuera la otra
viviendo en decadencia.
Ciudad sin retorno dormida entre los pasos;
concierto de luces agotado por los grillos.
Charcos danzantes, cansados de esperarnos.

La ciudad es una esfera
ahogada en la sed de la ventana.
Una angustia de palomas y fango.

En mi ojo recluido de luces
moran como una la memoria y la nostalgia.

Una turba enrarecida corre tras el ruido.
Un triciclo de verduras amenaza alcanzarlo.
Solo yo
desde mi orilla enmudezco ante el sonido,
con el tímpano morboso apegado a la calle.
El orgullo decaído desparramado en la puerta,
a la espera de la llamada de alguno,
o de nadie.

El ojo

Vi un ojo difuso
metido en el vientre.
Un ojo mirando al universo.

Un ojo rebelde
negando las lágrimas.
Bordeando lo humano
la palabra.

Un ojo gritando a los hijos del polvo
rompiendo con fuerza las simientes.

Un ojo comiéndose los rostros
mordiendo sin piedad al hombre,
gruñendo desde su casa redonda,
bramando con el ruido de las voces.

He visto un ojo obtuso
reprimido en la lengua
mendigando restos de pluma y huesos,
caminando por las casas de palomas
anhelando el descubrimiento.

En vano le clavan los sonidos las cruces.
El ojo no muere nunca,
su mirada vuelve.

El ojo de los pájaros

El ojo del pájaro nos mira desde su centro
madrugando en el ocaso.
Se abre como océano escabroso
divisando con su filo nuestra carne.
Es mirada carroñera nocturna
huyendo cada noche del fango.
Es aurora en las pupilas inocuas
engullendo nuestros sueños en su manto.
Va corriendo en el momento de la inercia
y se posa en nuestros ojos

D E S T R I P Á N-

D   O   L   O   S.

Las plumas del olvido

Por un lado,
ves correr al polvo con sus patas arenosas.
Por el otro,
al cuerpo derramando olvido,
adhiriendo su último latido a la tierra
como pájaro cautivo en los escombros.
Su sed de perdigones no se harta de los huesos,
su cadáver medio vivo rellenando el espacio.

A menudo la vida no es más que un polvo migratorio,
una estación de pasajeros perdidos
con paradas de concreto y
sombreros emplumados
donde solo sobreviven los pretextos.

Hablando de cuervos

¡Este poema es tan fresco que todavía la boca me sabe a plumas!

Hay personas que construyen muros.
Personas levantando paredes de concreto para
que no vuelen
en sus cabezas los cuervos.
Pero los cuervos se vuelven sombras
se escapan por la hendija
como si no fuera con ellos.

Desde que transformarse se ha hecho moda
hasta la noche se ha vuelto de papel,
se ha escrito en la cara que es un ángel.
¡Fíjese usted qué cosa!
yo también me he soplado la panza
y me he transformado en florero.

Ahora cargo sobre las nalgas un ramo de mundo
absorbiendo mi orina con sorbete
y se posan sobre mi frente los cuervos.

No necesito de muros,
ni un ángel de papel que se haga noche
y me transforme en persona,
espantando con concreto la muerte.

Sin aliento

Se siente frío, como palabras recién cortadas.
Palomas invocando la salida de las plumas
más allá de la garganta.
Me callo.
Acallo el silbido incesante
el invierno de las alas se me antoja blanco.
¿Qué le debo a los silencios,
al regreso de la carga?
Hace frío en el aliento.
Las paredes dormitan en habitaciones blancas.

Estos cuervos adheridos a mis huesos
revolotean en los montes de mi lengua.
¡No se callan!

En la noche

Ella lleva el oído repleto de sus pájaros
omitiendo el discurso de las voces.
Las palabras bordeando el cadalso de su boca
la caminan de espaldas
como llamando a la muerte.

Él la mira por sus cuencas de polvo
agujeros infinitos mullidos de hojas secas.
El otoño gritando al final de sus pupilas.
Un grito silente acallándose en su esperma.

Ellos danzan con el agua en el cuello
en el filo de un puñal llevado a cuestas.
Perdidos, súbitamente en la noche,
arrinconando el olvido tras la puerta.

Ella baila en la balada de sus ojos.
Él la habita con sus brotes de perlas.
Ellos juegan a perderse en el olvido,
negándose a dormir
en la inercia.

La última hoja

Soy la última gota de viento
destajando estas venas baldías.
Temporada moribunda de lágrimas
donde el camino del llanto se olvida.
Regurgitar del otoño en las hojas valientes
lanzándose a los bordes de otra orilla.
Me he vestido de sangre para engalanar la noche
amanezco desnuda en el azul del día.

Aquí me hallo, silente
en la piel de este encuentro que no habitas.
Besando el suelo que anidó tus rayos.
Aquí estoy,
la última sobre las olas,
como roca dormida.

III
El amor

Heme aquí,
amor de piel de barro.
Augurio precipitado en la sangre.

Rehaciéndote en el eco de la tierra

(Al no nato)

Volvería a llamarte en el temblor de esta boca
hablando disipado con voz perpetua.
Donde quiera que persista la noche
y las tinieblas nos vistan las vergüenzas.
En la desnudez de tu espacio,
el morbo de las ramas,
en la cama danzarina
al son de las estrellas.
Donde sea que se quiebre la tarde
se doblega la niebla en un solo de piernas.
El aullido solemne de un amor precipitado
cantando al ave antes de morderla.

Si tuviera que rehacerte,
me vertería en tu sangre
en los charcos de la espera con la boca abierta.

Este no amarte en el aliento de los pájaros,
ni en el aire adormecido de las letras.
Este blanco de página violada por olvido,

donde tus ojos no habitan la mirada.
Ahí donde respondes al nombre que te nombra
cabalgando en la prisa de otras huellas.

Si tuviera que partirme en secreto,
ocultarme de la norma limitando la existencia.
Abrirme como las ostras en el rugido del alba
en el eco sudoroso de la tierra.
Pujaría entre mis labios para hacerte bramido
rugiendo en el lamido de esta lengua.

Un hombre entre los labios

Quiero un nombre que sellar en los labios
en mi boca de tierra sin semilla.
Una herida callada en la puerta gimiendo
cuando la noche me obligue.
Un acorde de manos para sembrar el ocaso,
una aguja de besos para remendarme a mí misma.
El aroma de los vientos perfumando el cadalso
donde muera cada calumnia.

Quiero un nombre que acallar en el vientre
una entrada sin retorno al umbral de la vida.

A sabiendas

Aún sigo aquí,
adherida en el asfalto de esta calle sin nombre
en el beso de los pasos tras la puerta.
En el olvido pequeño de una mentira enorme,
el recuerdo hilvanando la herida añeja.

Me busco en los adoquines silentes,
la rabia decadente pintando de grafiti la niebla,
pero no me encuentro en los nombres en voz alta,
ni en el desorden natural de las huellas.

No estoy en el presente
ni en el rostro de la noche esperando la caricia
de la mano a tientas.
Tampoco estoy en el cuerpo cargando el olvido
en mi presencia.

Ayer se mudó mi sombra
colgó tu nombre donde no lo llaman las piedras.

Aquí sigo…
…en la punta de este lápiz que no te encuentra,
muriendo lastimoso en la memoria de tu historia
a sabiendas.

Entiérrame ahora

Entiérrame ahora que soy río
vaciándome de a poco en el sumidero del sueño.
Ahora que la tierra y el cielo se han unido de manos
a mí me da lo mismo morirme arriba o abajo.
Si adentro o afuera de una caja de cemento,
en el cartón liviano de tus ojos
sigo siendo llamado entre los muertos.

Entiérrame en tu memoria
donde la herida no besa
y la humedad de tu boca no escampa.

Ahora que soy nombre en tus agendas,
suspiro de palabra anunciada.
Un pedazo de carne en la piel de tu sombra.
Un capricho mordido en jactancia.

Entiérrame ahora que está fresco tu olvido,
para renacer intacto entre los pliegues de tus sienes,
en la brevedad de tu historia.

Sabrosos errores malditos

A veces caigo en el error de no nombrarte,
de tragarme tu nombre desde la A
hasta la última pastilla de menta con sabor a rabia
jugueteando en mi memoria.
Deslizarte calle abajo en el ataúd de mi boca
tragarme lentamente tu sazón a cárceles y a jaulas.
Chuparte despacio.
Blasfemar al iris.
Saborear gozoso al Dios de carne.
Dejar de incurrir en esta prisa
de repetirte hasta en las vísceras,
digiriendo este trozo de ti que me aventaja
tachándome con su tinta de sangre.

Quisiera callarme
maldecirte en los silencios;
aferrarme a la certeza de olvidarte.
Pero mastico el éxtasis de tu bomba de sabores
amurallando esta soledad que muerdo y riño,
hasta reprimir el antojo
de seguirte devorando
en esta, y en todas las hambres.

Primero hay que ser un ángel

Para olvidar a ese hombre gravitando en mi cintura
con su beso de botella
sus ojos de luna.
Para borrarlo del viento,
de la verdad absoluta,
las hojas de otoño
y las caricias marcadas en su ausencia.
Para arrancarle maleza a este ramo de estrellas
sin perder las raíces,
sin clavarme a la tierra.
Para vestirme de niña sin perder las pisadas
corriendo tras sus pasos.
Para ignorar lo que soy
siendo yo, sin los dulces sonidos de sus párpados
sin el suave silbido de su humedad paralela.
Hay que habitar como un ángel
en el baúl escondido en su memoria,
debo primero estar MUERTA.

Amor inexistente

La ausencia me mira desde de tus ojos,
atentos como faros de naufragios.
Va acallando en el bramido
nostalgia involuntaria
volteándome la boca desde adentro.
Su caricia despistada redondeando la noche.
Su beso de pupilas alimentando el aire.
Mis pulmones merendando los aromas,
de aquello que no habita en sus simientes.

Soy de polvo entre tus manos varadas.
Mirada a contraluz arrinconada en tu frente.
Tu vacío se repuja en el final de mis palabras.
F
      I
           A
                T
El huracán emancipándose en mi vientre.
¡Ay, amor!
Inexistente en el anverso.

Herida nacarada, voz endeble.
Redóblame para soñarte en los párpados
diagrama con la piel el espacio que invento.

Hombre pez sobre la faz de la tierra

Hombres peces caminan despacio
sobre la faz de la tierra.
Una lumbre en las agallas
y una linterna en sus ojos,
desnudan el misterio en sus claraboyas abiertas.
Hombres peces de miel y sal de agua
mares poblados por libélulas.
Anchos ríos azucarados.
Espacios repoblados por polvo de estrellas.

¡Estos hombres pintados de escamas,
plateados hasta la huella!
se esconden donde la palabra no habla
y la luz no penetra.

Peces "Payasos" aferrados al "Circo"
al espacio divertido,
lo falso de sus pisadas.
Graciosos en su sombra diluida en tinta
y grandilocuencia.

Peces con sus verbos "Espada".
Hombres con aletas dispuestas.
Pintados con grafitis de colores.
Abogados de la noche y la inercia.

Hombres "Beta" con membrana y espuma,
sonrisas de barniz y hierbas;
tiburones convertidos en ranas
arrastrándonos en sus miserias.
Hay un hombre pez nadando en el espacio
fundido con mi nombre entre la niebla.
Yo lo prefiero cabalgando.
Un hombre pez erguido sobre la faz de la tierra.
Desandando en la memoria de mi abrazo,
anidando entre las algas de mis trenzas.
Un jinete que me subyugue en el aire
y me deje rendida con la boca abierta.
Un hombre sobre la tierra que me nombre
con el bramido del aire entre sus venas
y me bese con la última burbuja de oxígeno,
con el hálito de vida
reventando en su lengua.

Traigo Abril en los labios

Traigo Abril en los labios
y en la portada de mi historia
un romance de tiendas levantadas.
Temporada en alza.
Ansiedad de primaveras patinando
en la memoria, una herida silvestre
en las estaciones del alma.

Tengo huecos dulces repletos de pájaros
alas florecidas en bondades.

Voy callando sobre la boca
un beso encubado en alas libres.
Piel derretida en mieles,
soles esparcidos como puñados de aves.

Traigo semblanza de espejos
duplicando el aire
y en las manos detenidas
ramales en fuga, socavando soledades.
Soy de "grande" anidado en los sueños

espuma de calzado y sonrisa memorable.
De anguilas luminosas y
acero fundido al calor del vientre,
de partituras dormidas al fragor del amante.

Me abro en flor de almendro
y regreso a las miradas convertida
en la otra fruta prohibida del silencio.

Me he metido en tus olvidos

Me colgué de un tajo en tu sonrisa
me desvestí de ti,
amarré el ahora
y en el color de tus labios
exorcizando mi mañana de abril.

Quise enganchar tu silencio
en mi agenda de nostalgias,
drenar las estaciones
para duplicarme en el principio
de tu sombra y quedarme allí.

Vaciarme en esta angustia,
en los molinos amarillos
en los granos de maíz.

He trepado en tu memoria
y no habrá humedad de serpientes
ni sequía en tus olvidos
que me parta en dos las aguas,
para que la noche me llueva a amaneceres, a ti.

Una

Sola contra la ola.
Golpeteando la carne.
La sangre.
La hora.
La muerte.
Una a contraviento.
El huracán empecinado
en la garganta.
Una sola.
Para mirar el recóndito olvido del aire.
Una callada, renuente.
Crucificando el llamado de las sombras.
Una sangrando tu fragancia.
Abierta, en un tiempo imaginario.
Una, al cobijo de las otras.
Una calmada.
Naciendo en el olvido de las cosas.
En la noche de un solo latido.
Una sola entre tus dientes.
En el mágico reverso de la nada

es ELLA, más que UNA.
Sobrando en la palabra
en las bocas.
Una sola para besar tu rostro.
Una en el aire
clamando tu nombre,
apretando en el olvido tu vientre.

Una sola, necesaria.
Una basta para amarte.

Te amo

Ahora yo,
abrazada a la cola del viento
aleteando la noche
entre tu ropa.
Me invento la luna
para asirla a tus ojos,
acampo en el sabor de tu sonrisa.
Te celebro descalza de llantos
bañada de aromas dulces.
Dibujo una ola rebelde hacia mí misma
caminando tu abrazo
el polvo en nuestra calle
que aúlla como bestia.
Te amo sin migajas ni hambres.
Soy tuya sin marcas ni desiertos,
sin agonía en la palabra.

Voy contigo
donde la vida no abdica
y la muerte perpetúa tu espacio.

Me abrazo distante
al sexo dormido en tus pestañas.
Donde solo los sueños despiertan erectos
abrazando tu recuerdo.

Me duermo contigo,
sin tocarte,
con el odio soñando
en una cama vencida
sin pasado
ni memoria.

Entra

Entra en mi noche
de asilo involuntario,
seamos uno.
Poema partido entre dos trazos.
Semillas silvestres de la tierra inerte,
heridas mitigadas en las carnes.
Buscando un sol perdido en el espacio,
un latido en la lasitud del sueño.
Seamos los dolientes.
Los que somos;
unidos por el recodo y el abrazo,
lo perpetuo y la simiente.
Danzando
en las esporas
las migajas de sangre
ofrenda de los labios.
Abismos pletóricos de hambre.

Entra
seamos laberinto escondido en

la inmortalidad
de la noche.
Entra, y cabálgame hacia el sur
de mis pasos.

Hombre a mi manera

A ti que prendes con tus ojos las hogueras…

HOMBRE que te han hecho
del mármol,
permíteme que te escriba un poema;
amplio en la mirada del aire,
en tus ojos diluidos,
en tus huellas eternas.
HOMBRE que te han hecho
del fango,
de las manos acariciando la tierra.
Permíteme repasarte en el sueño,
dibujarte en la ingle mis caderas.
HOMBRE cautivo entre mis labios.
HOMBRE sangre de mi sangre
miel y sal de las libélulas.
Permíteme arrullarte en el morbo,
en mi aullido primitivo de hembra.
Ahogarte en el negro de la noche.
Reavivar en las cenizas la hoguera.
HOMBRE trigo,

maná de mis latidos
HOMBRE carcomido de esperas.
Humedad de mis ojos.
Lasitud en el vientre.
Beso primigenio entre mis piernas.

HOMBRE que te han hecho del polvo
grábame en la memoria el silencio.
Ahora que adolece la herida punzante
la caricia pirómana involuntaria
arrojándome a las llamas de tu boca,
partiendo en dos mitades mi existencia.

Con la piel en naranja

Ábreme espacio en la hoguera
voy con mis pasos en llamas.
Llevo incendio en los molinos y una piel
disfrazada de naranjas.
Aleteos baldíos me retozan en el centro.
El perfume de pepino.
La humedad de silencios.
Lenguas agitando las cortinas
saborean mis fresas derramadas.

Tengo rubor de olvido entre las piernas,
hijas de cínica penitencia.
Una esencia de tambores bamboneándose
en los pechos viles de la nostalgia.

Llueven ríos en las copas.
La memoria danza al compás de cadera y hacha.
¿y tú? vestigio de lo incierto,
¿dónde andas?

Ven a soplar los vientos,
a apagar con reposo el anhelo
de cierva zambullido en mi cama.
Tócame violín y en las alambras
pon un dedo donde se cuela el alma.

Desgarra puentes y puertas,
desgreña mis sábanas,
y si te sobran manos
PUTA VIDA EMBUSTERA
hazme nido entre tus dientes
¡Anda,
déjame la marca!

En la brevedad del tiempo

¿Cómo hacerte corto y contundente?
engullirte en los trozos de metales
en las sobras de silencio.
Besarte los relojes, las sombrillas de verano,
los sonidos de invierno.
En esta ola de otoño
ser lágrima de aguja y aspaviento.

Ser la prisa del hierro
cabeza de flecha y
la piel adulterada del verbo.
Saberte cotidiano, etéreo.
Despojarte los juicios de amarillo,
pulirle los ojos al pasado
desmantelado tu nombre desde el féretro.

Hacerte, sabiéndonos.
Amanecerle las ganas al augurio,
a ese canto reposado que duerme.
Amarte con la niebla de los pasos,
con silbido de sepulturero.

Desparramar los adioses extintos
en la que agoniza silente.
Esa voz sangrando olvido,
lloviendo sobre las sienes.
Vierte savia sobre el árbol
tatuándote en el torso un vientre.

Hacerte corto
tras el lapsus moribundo,
el ahora florecido.
Un jinete cabalgando hacia la muerte.

Va acallando el gemido en la seda.
Una flor sobre la tumba clama el réquiem:

—¡Entierro! –grita el eco de la hora
caminando despacio
acelerando bocas, piernas, brazos, dientes.

Nos hacemos vaivenes en las puertas,
ida y vuelta en el minutero,
tintineo precipitándose en el viento.
Luz perpetua en la oscuridad infringida.
Duelo.

Este hacernos negándose al exterminio,
ceniza y carne en los perfumes del tiempo.
Resucita entre líneas con las ganas repetidas
su grito sonámbulo sin pésame.

¡Esta brevedad de vida!
repleta de letras inertes,
hablará de las horas sin abrazos,
de los nombres silenciados,
de este hacer sin hacerte.

IV
La mujer

Ella se atreve.
Se descalza y camina.
Transforma su palabra en estallido en su lengua
y desnuda de silencios, llega al clímax.

Ser mujer se hace difícil

Sobre el cerco se tiende un suspiro
obligándome a morder el fuego entre las piernas.
Es difícil no ser otra,
voz bajita en circunstancia.
Celo cobijado del año bisiesto
una musa bravía y descontenta.
Diva envilecida con la lengua hecha grumos,
polvo de palabras migratorias.

¡Qué difícil ser mujer!
en la obediente resistencia.
Sin jirones de saliva para tragarse el espacio.
Los confines burbujeantes de niebla
con el nombre a cuestas.
El murmullo incesante en la espalda.

Me cabalga el silencio entre la lengua
buscando entre mis labios la puerta.
Pero ha muerto la que habla.
La cadera oscilante.
Voz libidinosa trepada a mi certeza.

Se me han roto los ojos de cerrarlos,
de vagar por este olvido sin raíces
convertida en viajera.
Soy burbuja de la tierra y solo a veces
soy la otra.
La misma que todos esperan.

\

Ellos se marchan...

...y nosotras esperamos
el latido de otras voces.
Con el cuerpo en la luz punteada
en transición-fallecimiento.
Nos bañamos en la forma, soñolientas
salimos preñadas de silencios.
Nuestras alas, cortaduras en vuelo
pariendo desde abajo la humedad decadente
dormida en todos los rostros.

Nosotras
nos asimos a la idea de la noche,
donde pesa este juego como parto de misterios.
La herida nos traspasa, nos penetra,
apuñala violando nuestros sueños...
...pero somos más que ruido
en el rastro de los gritos
que nos parten de a dos el universo.

Nos exprimen quienes piensan.
Los perdidos en el abrazo y el beso.

Abrazos cansados de apretar el aire
de besos revueltos en los tubos de ensayo.
Nos crean, nos piensan,
Nos piensan, nos matan.

Nosotras
nos movemos en la pausa,
tatuadas en el reflejo del viento.
¡Arrastramos en la sangre los escombros!
Nos manchan con escupitajos de muerte.

Nosotras
atendemos al llamado,
corremos a la noche a esconder nuestros cuerpos.

Porque somos, nos movemos despacio
porque vamos, nos morimos sin nombre.
Esas tantas palomas adolecen
aunque llames derribando la noche.

Entonces nos movemos de prisa
porque a veces no somos el soplido en la MUERTE.
Porque a veces SOMOS enderezar de la espalda.
Amor desmedido en las agujas del tiempo.
Una flecha de olvido apuntalando a las armas
esas bocas de pólvora con apetitos inertes
no se cansan de mordernos.

Es que a veces nos manchamos las uñas,
arañando con los sueños el vientre.

Escupimos las semillas para crecer en sus bocas
para sembrar en el aire un respiro de universo.

Los dejamos morir en el esperma
y BROTAMOS más allá del intento.

La mujer que se escribe en la historia

A la mujer que se escribe en su nombre no la busques
senil, en el rastro de la historia.
con los hijos colgados a los párpados,
las heridas amarillas, la carne parturienta.

Se la busca en los pedazos de cuerpos
en el pelo de la noche, la abstinencia.
Dormida, súbitamente en el aire
donde se trenzan las manos suplicando,
las palabras sangrando tras las puertas.

¡Estas líneas silentes no se olvidan!
Se acicalan en ella.

Si la miras extinta en los rostros de vidrio,
mordeduras de polvo, transiciones de especies,
volverás al otoño diluido sin el rastro,
sin el ruego sutil de su existencia.
Buscarás en el eco su silencio
sin hallar un rugido de viento
que la traiga nuevamente.

A la mujer que se escribe en la bruma no la busques
¡No la nombres!
YA ESTÁ MUERTA.

Mujer a medias

¿De qué sirve una mujer y su palabra
en medio del oído y el desierto?
Con las manos marcadas astillando el espacio
su legado persistiendo en el tránsito nocturno.
Pisoteando sus ojos en el frío de otros ojos.
Delineando las heridas invisibles.

¿Quién es ella, sin rostro? –pregunto.
Enterrándose en un grito desnudo.
¿Una lápida aguardando un nombre?
¿Un nombre negándose al exterminio?
Estatua de sal desdibujada
en el borde de una esfera de polvo.

El enjambre de hijos acurrucado en sus trazos
una lengua imprecisa abanicando el aire.
—¿De qué sirve el mañana? –le pregunto.
Sin la vasta medida de sus sueños.

Una hembra dividida ¿De qué vale?
en el confuso disipar del viento.

Mujer combatiendo a lápiz
la paz
desde su infierno.

Miedo

Me asusta esa mujer
sembrando ausencia
en los pliegues diminutos de mi cama.
Vasija rota
rellena de ruidos.
Condimentada por el llanto.

Le temo a pensar que me asusta,
que carga entre sus ojos la muerte.

Mujer desparramada en la noche,
ahogando su angustia en un tintero negro.

Tiemblo solo con decir su nombre.
Cargando en su espalda los silencios.
Huyendo de la gravedad de sus huesos,
hartos de tanta indiferencia.

Me temo y le temo a la que habita en el agua
transformándome en ella.

Una red amanecida sin peces
alimenta a cuentagotas nuestra lengua.

Me lleno de su rostro sin rastro,
de su aliento sin huellas.
Sus pies caminando entre mis pasos.
Aunándonos con el hilo de la tierra.

Esa que NADA…

Esa mujer que miras se ha comido el aire.
Ha bailado las canciones de cartón
condenado la noche a castrarse.
Es senil en la demencia del puño.
Mariposa escuálida de alas cobardes.

Se ha volcado al grito,
a la agonía suntuosa,
las paredes rastreras,
y ha bebido la sed de un rosa inalterable.

Una mancha nacarada en la espalda de las ostras
son sus huellas de arena,
su sombra se doblega
oculta bajo la alfombra.
Relamió la escoba hasta agotar
el sabor del gusto,
olvidó el camino al ombligo
matriz de las cosas.

Esa que cruje.
Esa que aguarda.
Esa que vela el oeste de los nortes
levitando en sueños de olas difusas,
hoy es solo el agujero en el eco de la tierra,
perla falsa en el collar de la luna.

Tanta luz

De tanta luz
a tanta mujer en el aire,
en los sueños,
en el peso de los ojos
agitando la lluvia hasta alcanzar el fondo.

De tanta sed
a tanta hambre.
No se sacian sus brazos de partirse
ni sus ojos de ver cerrarse la vida.
Donde no es suficiente del todo el amor.
Donde todo dolor en exceso es bastante.

Cada una

Cada mujer es un puente
trazando su mirada en el aire.
Cada ave es una curva ambivalente
danzando en el ruido de sus alas.
Cada río callado es un poema.
Cada rueda rodando es un camino intransitado.
Cada idea es una fosa insaciable
tragándose lo enorme del espacio.

El color de mi grito

Mi grito es un dúo de tambores espantando fantasmas.
Nervadura de sangre en raíces de tierra con voz de pájaro,
donde nacen mujeres-árboles, con alas.
Mi grito, pregón de sombrilla bajo la lluvia,
diluvio de llanto rugiendo en manada.
Se columpia de mis bíceps comiéndose los bordes
de una bala pendida de mi ombligo como araña.

En una fiesta con trocitos de mundo
donde el puño baila descalzo la tonada,
mi grito es estrella en la pista de sombras
cuando las luces se tornan armas.

Hay un marzo en la barriga del sueño
aferrándose con saña a la ignorancia.
Cabeza de un clavo apostando al martillo,
una grapa pendida en las palabras.

Hay un NOMBRE de mujer desperdigado en la historia,
que ha vendido los dientes para morder la rabia.

Mi grito tiene alas incisivas y pregón de colmillos,
hambre pregonera de barriga abultada.
Es letra mordisqueando al gatillo
acertando un disparo de garganta.
¡El habitante de muchas,
el cautivo de tantas!
Ojo gruñendo con vista de cuervo.
Aullido en acecho.
Amenaza.
Es decena armando a miles,
voz de pluma levantando el agua.

Saliva de cemento en boca de mudas,
una tumba anónima que habla.

Para ver el color de mi grito,
basta fijar los ojos al alba.
Está sobre el nombre de las piedras,
en moléculas del eco hilvanado en la constancia.
Es espina dorsal de los átomos
abrazando a su cintura las galaxias.
Es una hoja caída abonando la tierra con su sabia.

Mi grito es una voz de mujer
rompiendo el silencio.

¿La verdad…?

La verdad es que me tenso
me encojo
sobre las íes
de la palabra soledad.
Me pienso ajena,
me ignoro mía,
me olvido
y me encuentro revolcada en el verde
de las sombras.

A veces me miento.
Es verdad.

Miento sobre la mentira,
tergiverso el ensueño de la siesta,
el amargo sonido de un "jamás".

Soy mía
como de mí, forastera.
Soy pueblo fantasma
sin ecos, ni libertad.

Soy viento y podredumbre,
aroma y silencio.
Soy grito de "¡basta ya!".

Me hastío,
es cierto.
Me deshonro a mí misma en
la rectitud del agua gimiendo,
pariendo peces grises y bondad.

Pero... ¡Quiero ser ola rompiente!
Sinfonía desbocada en el mar y su paz.
Abrir el silencio
desgarrar las vocales
y sobre la palabra, callar.

La mujer equivocada

La mujer que conoces
no existe.
Su palabra moribunda
ha expirado el último aliento
y no hay sombra
de tu nombre
llamándola en lo profundo.

Si la duda te responde,
me habré ido.
Habrás de perderme para siempre.

Solo a veces despiertas

A veces una se cansa
de ser ola nocturna.
Utopía cotizada
donde el sueño despierta.

Dormitar el olvido.
Idilio de la noche.
Oído incansable
en somnolencia inexacta.

A veces una se cansa de la sombra,
se detiene en la puerta y pasa.

Las Evas vivas

¡Si tan solo el Edén tuviera pechos
para amamantar más lunas!
Si más Evas fueran cuna de casas bien paridas.
Muchas Evas a destiempo
bajo la estrellada inconciencia
la limitante estatura de la imagen divina.
Muchas Evas que sean pocas,
pocas Evas que sean una.
¡Si más Evas fueran menos
y las pocas fueran muchas!
¿Cuántos Adanes se atreverían a acabar con alguna?
Si más Evas la habitaran
no sería tan solo Ella,
agraviada,
impotente.
Solitaria.
UNA.

Retoños

Uno escribe a los hijos,
los escribe en la panza.
A mitad de camino
cuando apremia la noche,
los resguarda la cuna de la sombra.

Uno escribe en los hijos
con la tinta de barro,
la voz arrullada de los sueños.
Cuando muere en los ojos el tormento
la liviana memoria del parto.

Uno inscribe a los hijos
en la historia
donde nunca se detiene el latido
ni corrompen los oídos el eco
el eterno clamor de la conciencia.

Uno escribe a los hijos en el vientre,
y se inscribe en sus trazos transparentes
con el verde de una nube de esperanza
matiz de la memoria imborrable.

¡Antes que yo fueron tantas!

Aprendí que somos bocas danzando entre palabras.
Sexo resurgido en el latir de las voces,
gargantas anudadas por lenguas apretadas.
Sirenas acallando en la oleada nocturna.
Diademas soñando con cabezas anchas.
Divas diamantinas reluciendo en la vitrina
de la putridez y la ignorancia.

Antes que yo, fueron ellas,
las "otras",
las de palabras mordidas en los labios.
Orgullo barrido entre las hojas,
hímenes mutilados.
Antes que yo fueron otras las "ellas",
amantes del silencio y la palabra.
Pedazos de carne servidos en platillos
en la fiesta de las blancas.

Antes que yo mujeres las otras
aprendices de árboles con ramas sesgadas.
Ocultando su aullido de hembra

en el incierto bamboleo de la noche,
allá donde se funden la curva y la cascada.

Aprendices de la sangre renacida,
dolor en las heridas cerradas.
Convertidas en jardines, todas ellas:
Las injuriadas, las cautivas, las incautas.
Aprendí que son muchas las danzantes
forjando libertad entre sus voces,
habitando en desesperanza.

Es que ¡somos tan poquitas las valientes!
cargando el camino en las entrañas.
Solitarias nos quedamos en los sueños
nos llaman "las equivocadas".

V
La vida
(en prosa)

Recorro el sendero marcando el latido
en un mapa de pasos hacia ninguna parte.
Voy ebria, bebiendo el silencio
en un vaso aderezado por instantes.

Te condeno a ser mujer

Por esta piel de mujer nacerá un hombre. Un nombre escrito en polvo sobre el cristal del alma. En el femenino del sexo desvalido que se agrieta y regurgita lunas, en el intrépido batir de alas manchadas.

Serás hombre porque así lo dicta el río. La cascada de espuma derramada en la garganta. Sobre leyes marchitas que asesinan libros y cabezas de cebollas putrefactas.

Te condeno a ser mío en el temblor de la inercia, cuando el "mujer" sea innecesario y me convierta en nada y el vientre se licue fluyendo libre entre mis montañas, amamantando tu sed de soles y tu hambre de nostalgias.

¡Serás hombre, porque yo lo digo! con la certeza de la noche maquillada. Ante el sol testigo del viento, en el juicio de las brasas que se atizan, se hará verbo mi vestigio moribundo y resucitará palabra.

Haré que brote masculina la semilla y un zumbido de abejas polinice tus ganas y serás reducido a pigmento preñado de luz. Abismo de la noche. Manojo caudaloso escurrido entre los huecos con barriga aventada.

Te desafío a ser bocado de orgullos, miel de rosas aderezando mariposas en la panza. A que destajes la muerte acuchillando la vida y te tiendas sobre una cuna blanca. Para que te atrevas a morir a flor de piernas, y a parirme mujer sobre tu espalda.

No vimos nada

No nos vimos. Hace tiempo nos descosimos las espaldas. Rasgamos la noche en pedazos de carne y los tragamos para saciarnos el morbo. No vimos nada. Volteábamos los ojos al vacío cuando la oscuridad se volvió nicho y el hueco en nuestro pecho se hizo ancho murmullo de océanos desbordados. La lava fría rodando la mejilla y el beso huérfano se estancó en nuestra mirada. Sin colores ni regresos están los caminos parlanchines, antes nuestros. Su leve silencio quedó sumergido en la falacia.

Han caído muertas en nuestras manos las palabras humildes y ya no somos, los que éramos, los que fuimos perfectos en el vuelo del pájaro y sus alas redondeadas. Dejamos de ser ave que alimentaba con su pico la boca de una soledad insaciablemente nuestra y amarga. ¿Y ahora? ¿Qué somos? En este instante de iras, platos rotos y puertas atascadas: ¿Una ola distante perdida en su arrullo? ¿Una hoja estancada negando la dirección del viento? ¿Un respiro de arsénico a bocanadas?

No nos vimos deshacernos entonces y ahora ya es muy tarde, los relojes se agotaron. No queda más que un soplo de vida en el aliento, devolviéndonos al sendero donde los pasos transcurren, sin leyendas ni fanfarrias. Nos iremos algún día, quizá para mirarnos las caras. De vuelta a la noche donde se ahuyentan los miedos y el amor con sus mentiras y medias verdades nos cosa nuevamente las alas, para volver a andarnos con los ojos cerrados, para volver a mirarnos las espaldas.

Llegó la hora

La hora de mi muerte se viene arrastrando desde antaño, unida a un viejo montón de huesos… yo la miro con los ojos cerrados, el corazón detenido en el universo que invento. En el momento justo, de la manera perfecta. La amoldo a mi curvatura sin líneas rectas. La visto, como me dé la gana: de santa mitad hombre, de hombre mitad bestia. A lo mejor en sus minutos presenciales, cuando el hilo escapista en mi tinta violeta se cuartee, me agache para olvidarme de sus ojos, me duerma para ocultar de su vista mi noche dibujada a la inversa. La denigre en los segundos atados a mi aguja oxidada, a mi letra en decadencia.

La hora de tu muerte llega cuando llega, sin tiempo al despabile ni al asombro. Cuando tiene, cuando importa, o mejor aún, cuando ya te no importa. La hora de tu muerte viene impresa en la mía, apretada en los botones de tu camisa de fuerza. Te atrapan sus pezuñas cuando naces, y cuando duermes le dejas la puerta abierta. La invitas a que pase esperando que se quede afuera. Te sigue la noche

145

con su traje redondo, tocando en su guitarra una única cuerda. Melódica, salvaje en su manojo de lirios y cuervos sin cabezas.

La hora de mi muerte llegará sin retorno, sin relojes de cuerdas para desmedir las ausencias. Llegará para pesarme las vísceras en su báscula de arena. Si me viene a buscar que se vaya. No es la hora de apagar las velas. Que llegue cuando la vida se desprenda de mi ingle sin fanfarrias ni fiesta.

La muerte llegará hasta mi palabra cuando calle y muerda la tristeza. Llegará cuando yo lo diga. Llegará ¡cuando yo lo quiera!

La que soy

Ayer fue el sol, hoy la tempestad del día. No logro pegar el sueño entre mis ojos, ni dar cerco a las palabras salpicando mis cuadernos. Ayer solo fui hoy en los recuerdos, sarcástica prueba de quebranto emocional, de suelas diluidas en caminos tapizados de rocas y el serrín de las flores marchitas.

Ayer fui ceniza en el viento, viento en el pulmón derecho de un soñador que quiso saberse mío y falló. Me reconocí entonces entre los retazos de mujeres rotas en los sueños, y con sus trozos prestados, armé la próxima yo. No ESTA, sino la siguiente, la que en los bastidores espera salir sin abochornarse ante el aplauso, desnudar el esqueleto en público sin temor. No aquella repartida entre líneas, reinventada entre versos de olvido, elogios y silbidos, para ESA que no soy.

Ayer me formó la prisa y no quedó reloj, ni minutero, ni cuerda, ni nada que evocara remembranza de mí misma: La que se mira en el agua, pretendiendo estar, pero no.

¡Cómo juega la memoria diluida de mi nombre! El nombre del hombre que jamás me amó. Me callo, como si eso bastara para vomitar las ganas desde adentro, de la piel moliendo ombligos fértiles, y niños paridos desde el dolor. ¡Cómo duele ser esa! La de alas pasmadas en la espalda, exhibiendo una preñez de espuma en las pompas de jabón.

¡Ay! ayer de mi despojo, de la YO que queda ¿después de qué? De esa burla que me queda rezagada en la tinta convertida en HOY.

Ayer fue el sol, hoy la tempestad del día, mañana será otra cosa. Quizá sea el bólido nocturno quien se sume a la larga fila y me encuentre meditando en la existencia del YO PROPIO o, quizás, en la mujer que seré después, cuando nazca otra.

Flor dorada en el asfalto

Anacaona. In memoriam

Van, van tabaná dogué
Aya bomba ya bombé
Lamassan Anacaona...

Hoy me atrevo a removerte el polvo, invocar el retorno de tu estela corroída, zarandearle las flechas al recuerdo que te nombra, Anacaona: Dormida. La historia crucificada en el rostro, el camino de piedras zurcidas. Cenizas decapitadas prisioneras de ausencia, nombres necios que te olvidan.

Hoy me atrevo a despegarte de los pasos, gritando a voz sin sombra, llamándote heroína. Te reinvento la mirada entre el cazabe y las fieras, la mentira de la tierra, la bandera, el gigante rugido en la piel de tu estirpe. No celebra el olvido tu intelecto, la poesía danzante bajo tus plantas taínas.

Hoy me atrevo a reinventarte luna, con flores reviviendo en las pupilas. Los jardines de Quisqueya tan ajeno de tu norte, el ancla de tus sueños truncos. Más que un cuerpo de mujer en la soga, en apego a la larga cadena de amnesia, eres sabia de historias no contadas, cicatrices de mujeres tras la gloria.

¡Hoy me alzo desde el vientre, *Flor Dorada*, clamando en el aullido y el viento! a la sórdida congoja, al lecho indiferente. Rememoro tu cuerpo prisionero de incendios, *areítos* y atabales, de *cemíes* y ancestros. ¡Ojalá! ojalá se aliviane en mi boca el ocio de tu huella. Tu poema sepultado en el asfalto.

Hoy me alzo Anacaona a voz en dúo, elevando este grito repatriado, en el temblor de esta lengua que hoy te nombra redimiendo tu discurso, enterrando tu silencio, donde la lluvia es fango.

…Aya bomba ya bombé
Lamassan Anacaona

Hasta que se calle el hambre

No sé cómo ni cuándo nos encontrará la angustia sumergidos en la cara de este llanto. Ese rostro atormentado cobijado por la niebla. Herida añeja con olor a vino y a especias. Cuando el puñal nos afile los nombres que no se cansan de llamarnos, y el recuerdo ensordezca en el hielo cuajado en la memoria, borrando de la mesa nuestros pasos.

¡Fluirán las lágrimas del charco! Perdiéndose en laberintos mojados. Humedad de imágenes flotará en las gotas de un río, amaneciendo cada vez más temprano.

¡No sé cuándo reventará esta noche! Con sus sillas de estrellas, su estela anaranjada. ¿Hasta dónde llegará este olvido "mantel" que me cubre los ojos y los trazos?

¡Si tan solo la noche dejara de morderme con su diente de perro y de andarme las heridas con su rastro cansado! Dime. ¿Cuándo borraré la memoria y me arrojaré a las calderas de una sopa de arañas, donde los bichos se coman esta heredad de nadie?

No sé si sacudir este infierno me dará sus frutos, o dejará entre mis piernas cicatrices de hambre. Las amebas de una noche impetuosa que no inmuta su rostro bebiendo del destello en el aire. Si vendrá el mal con sus ofrendas a estrenarme la boca con su dádiva, o los gajos de esta sombra se pudrirán en mi frente sin que pueda pararla.

Optaré por partir en dos las caras y saldar este golpe con balas de plata. Morder el polvo entre mis tripas, gruñir con el sol a mis espaldas. Una parte de mi cara corriendo hacia la espera, y la otra comiéndose las ansias. Irme a donde el oído se calle como tumba y el dolor gravite sin rugido en la panza. Donde sirvan libertad sin rédito, donde mueran las bocas parlanchinas como vacas flacas y el pellejo haga fiesta de tambores al cobijo de mis lágrimas.

Mujer, Diosa, Sierva

No puedo abarcar el silencio entre las manos, ni evocar a los ancestros acallados en la fe del que peca. No he visto a los Colosos. Los únicos Titanes que conozco se dividen a la derecha y la izquierda de mi torso. Ante ellos, se rinden naciones es cierto, pero solo soy el envés de la hoja caída desparramada en el regazo del otoño.

Mis Dioses me aguardan en el cenit de una cabalgata, sobre el pudor de mi amante. En el atrio de su pelvis mis plegarias son sosiego, aunque no siempre me conformo con ser espectro. Sí, también sé de milagros ocultos tras gemidos y de grandeza escondida tras la imagen del morbo. Sé arrodillarme erguida ante los templos y con la fuerza de un beso derrumbarles. He implorado penitencia a los valientes. Centenares se arrojan al infierno tras mi abrazo. He ungido sus latidos en mis mieles y levantado tempestades sin mojarme.

Poco sé de liturgias, atabales, ni de conjuros para aplacar las fiebres. Mi bondad radica en hacerme y en saberme bendecida si me hacen. He repetido tanto el nombre del hombre esculpido tras la seda y así de pronto he aprendido el rosario. He colgado entre mi vientre la fruta y en el camino de la Gloria, las cruces de los marineros sucumbidos que encontraron redención tras las huella de mi sombra en el ocaso.

Yo no tengo más poder que el de la sabia diluida. El rojo inocencia de quien aguarda tras el amor la caída del idólatra. Apagando los Cirios en el atrio, atisbando con fervor las hogueras.

Ser mujer es Religión tatuada al vientre, pecado y salvación en mis caderas. Corona de Ángeles, sabiduría milenaria resbalando por mis curvas, alborotando la pureza. En mis altares se mofan dos señores: "El Valor, la Belleza". Mi rutina es la Cruz, y el desamor penitencia. Sin mandatos sobre tablas que apacigüen a mi bestia. Al fin y al cabo soy solo esa, equivocando el rumbo, jugando al "Tin Marín" entre los Ídolos Paganos. Quien no siempre elige la Religión correcta.

Sobre mi cayó de bruces todo el peso de EVA. ¿Y si fuera yo, y no ella? ¿Desandaría acaso las manchas de sus huellas tras la irreverente inocencia? Pero... ¡no conozco la Gloria! ¿Es acaso el Olimpo el sol entre mis piernas, Hércules el que arriba entre mis sábanas y Dioniso el habitante de mis venas? Soy la que amamanta lunas en la noche irredenta. Juzga mi pecado: LA IGNORANCIA, crucifícame en abstinencia si del amor salgo ilesa.

¡Hombres, Dioses, cruces, sombras! todos Santos inmortales de esta fiesta. Viñedos de delicias colgantes, jardín colmado de esencias. ¡Gozo, canto, flautas, siesta! Y yo tan solo la sierva que atiende servil sus mesas.

VI
El fénix

*Mis palabras son alas
batiéndose en la tinta.*

Un poema en voz alta

Soy un poema hecho ave.
Un poema con ojos y picos de sol,
de vuelos altos en cascadas de montañas y
fragmentos de aire.

Un poema con garra
peleando con gaviotas
aferrándose a un cadáver de pez con arena de playa.

Soy un poema ruidoso
enteramente libre de silencios,
monedas esparcidas en puñados de agua.

Cantando lento.
Naciendo
paciente de manera constante.

Soy
un poema en voz alta,
simplemente impronunciable.

Desde adentro

La poesía ya no me sirve adentro,
hoy he decidido sacarla a pasear,
brindarle un café,
presentarle el entorno
para que pierda el miedo.

Desde aquí, desde adentro,
donde el pájaro no muerde.
Las alas son prisiones
absorbiendo mis agujeros negros.
La palomas se desgarran
hechas de piel de jaula
con cicatrices de vuelo.
Un monólogo en el aire
canta al eco de una noche
caminando consumida,
añeja,
llevando su bastón de tiempo.

Su mirada es lenta,
tan lenta como la vida.
Detenida en la balanza
pensando en la muerte.

Una brevedad me tienta,
me seduce y rescata
desde aquí, donde solo hay aire.
Desde adentro.

Cuando me uno al silencio

Cuando la nada teme al recuerdo
las lianas en la angustia se vuelven clavos
desuniendo las paredes.
Cuando el amargo se eleva decorando las hojas,
el otoño de hambres se hace endeble.
En el momento esparcido,
la caricia tranquila,
entre la súplica sudorosa resucitada en la frente.

Ahí,
cuando el hueco se hace bolsa, acumula silencios
acaparando fiebres,
soy gemido florecido en abundancia
soy pájaro bi-diseccionado muriendo inerte.
Con esporas en los brazos,

d
        i
               f
                      u
                            m
                     i
                n
           a
     d
a

Vacía.
Rebelde.

Me busco

Me busco
como si hallarme no fuera más que otro silencio
otra ala de gaviota perdida
encontrando sobre el cemento su invierno.

Me busco
y no hay olas vencidas en la mar en calma
ni una gota de viento que me devuelva a la aurora
a ese augurio estruendoso que acarician los pájaros.

Me busco, me busco
y de tanto hallarme
de tanto nombrarme
de tanto partirme
de mirarme en este espejo de aire,
no me encuentro repartida en los rostros
mirando los despojos de mi carne.

No me hallo en el tiempo retozando en las hojas
ni en la mar cohabitando
esta heredad de nadie.

Me busco
y entonces
en esta abstinencia
en la soledad murmurante repartida en dos mitades,
encuentro una duda rezagada en la noche
portando mi rostro
intentando usurparme.

No me hallo en la falsa promesa de olvido.
Allí no habita mi sangre.
Corro para esconder mi sordera.
Grito para que mis pies se callen.

Me busco
entre las mismas benditas tempestades
y a veces
entre sus escombros,
puedo hallarme repartida en una sola
intentando olvidarme.

Lo nuevo, lo viejo y lo transitorio

Todo tiempo necesita relojes nuevos.
Sembrar aves en los picos de sus agujas,
apuntar los segundos a un nuevo tiempo.
Hacer maletas,
partir de retorno donde la memoria
se madura a la espera de otros hechos.

A veces hay que marchar desde el olvido
para volver de regreso.

Esta mujer naciente

Esta mujer de cuarto creciente
recogió al mundo
y lo echó a volar adentro
en su bolsa de sueños…
se miró de prisa
agilizando el paso entorpecido y en la noche
puso en el pelo de la luna las luciérnagas.
Su pecho es un agujero negro
el infierno se acomoda en ella,
aleteando entre su pecho con sus alas de polvo
en el invierno.

Esta mujer sin manos
torpemente creciendo,
como oruga en un capullo hirviente
se hace trizas en su nulidad
con cara de fango
apretando su sonrisa al sentimiento.

Esta amante del silencio no se calla.
No sabe adónde se acomoda el viento,

si en las hojas marchitas de su falda
o en las agrias despedidas, eternas.
Es que a veces se le olvida que el aire
deletrea entre sus alas
su nombre.

Llegará el silencio

Llegará el día en que me vacíe de frutos
y me vuelque en la semilla
sin que la nada pueda llenarme.
Llegará el otoño de los ecos
con la caída del alba
y me encontrarán colmada de soles
con la boca errando en las palabras.

Cuando el vientre de la tierra sea parto,
cuando no haya caminos
cosidos sobre el agua,
cosecharé flores en la dermis de las cosas
alimentando fronteras
con todo lo que aguarda.

Regurgitando la espera

Me he comido el pájaro entre la luna
y la andanza
removido el verde acorralado
en las esperas.
Se han marchado las células,
antes blancas, desvalidas
ahora laberintos desandados
en mis bolsillos rotos.

Se han ido
dejando descubierto un tic tac
agudo,
f
i
n
i
t
o
Una angustia implacable
de hojas martilladas.

Soy de aire

No estoy aquí esculpida en piedra
resucitando sepulcros en otros cuerpos,
ni nutriendo con llanto soledades.
Atrayendo las mismas sombras con otras manos
otros ojos, otros rostros
y la misma bondad.

No estoy aquí donde
morder el polvo
es recurrencia,
una lápida mordida de infinitas lenguas
mil afanes.
Un corazón en el ajenjo marchito
de lágrimas, inmutable.

Estoy allá
donde canta el aire
y la fruta prevalece en la sonrisa
cueva oscura
mirada indescifrable.

Estoy en el silencio,
en el eco sumergido del agua
en la parte oscura de la luz.
Allí donde la tierra es ancha de olvido,
donde ondea el estandarte,
levanto mi estela a cuadros
me emborracho de instantes
para invitarme a ser ave.
Allí pienso quedarme.

En el instante preciso

En este instante no hay rostros en la piel de las uvas
ni vacantes en cabezas de algodón.
Un disminuir del tránsito en la niebla
deja clara la apariencia de una mancha en agonía
prisionera del reloj.
A veces una se pierde en el "entonces"
la suerte nos extiende su coraza de cartón.
Hilachas del momento hablan del vagar
de las horas difusas
llevándome al retorno del comienzo,
a la fuga de los dientes,
al inicio del todo en la partida de nada,
al fingir de la risa en el final. Un adiós.
Tiempo en que el regreso es una sombra diluida
en los sueños de otra extraña,
un cuerpo suspendido en acción.
Una esfera sin círculos. Una tarde de invierno.
Línea redoblada aparentando ser la otra gemela
de sí misma,
sin ser yo.

Este tiempo convertido en orgasmo
marasmo de la sinrazón,
absurdo hasta en su nombre repetido,
en el vacío contenido del espacio y
la huella falsa en su sabor.

Aquí me encuentra otra noche sentada a la sombra del sol.
Esperando el resarcir de las luces,
desde mi ventana sin tiempo ni estación.
En el momento justo en que se rompen
sobre mi lengua las palabras
la mañana me encuentra repartida en el rumor.
Echada de bruces sobre el cerco de los labios
deteniendo el coraje ante el bochorno.
Un sufragio sostenido en mi boca:
El instante preciso en el que soy palabra
venciendo al silencio,
renaciendo de nuevo en las alas de otra voz.

Allí vuelo, como ave entre el polvo
vestida de plumas con caparazón.

Fénix

Luego de arder en el paso de las horas,
de quemarme en el YO interno,
me miro las llamas, abiertas como alas,
consumo la impotencia despertando
a los pies de la que muere.

Me callo.
Miro al aire
y me observo.
Sigo el rastro de humo
apuntalado en la brisa
vejando mi silencio.

Voy marchita
con promesa de brote
acorralando mi otro trozo.
Soy ola arrojando un beso vivo
regresando a ninguna parte.

Un fuego refresca la aurora
la otra yo agoniza endeble,

rebuscada, perdida,
en el camino de infancia
que poco a poco da vueltas y se cuece.

Cobijo a la otra derretida en las cenizas
quien danzó desnuda y murió sonriente.

Me marcho satisfecha
dejando la piel en el pasto
donde todo comienzo se pierde.

Me miro nueva

El tiempo solo me sirve para matar silencios
y a veces sanar el vuelo.
En mis alas en fuga se mueve la ausencia,
una espera incomprendida entre los dientes.
Muchas veces me ha mirado el recuerdo
borrado la saña, el ave en la sombra que yo era.
Ahora duermo en el camino con destello,
los pasos no dudan en la huella.
A veces son otras, las desgracias
dormidas en sonrisas y anhelos.

He doblado mi espalda
imputando al fuego
de este quiebre en la niebla.
He abierto mis ojos, para cerrarlos
cuarteándome en el cristal de la puerta.
Mi cuerpo empapado de luces
desplegando sus alas de fuego
convertido de pronto en

T R A S C E N D E N C I A

De la muerte al fénix,
terminó de imprimirse en noviembre de 2016,
en Editorial Gente, con una tirada de 500 ejemplares.